Salmos

EDGARD ARMOND

Salmos

Aliança

5ª edição, Novembro/2021, 13.000 a 13.500 exemplares

Título

SALMOS

Autor
Edgard Armond

Revisão
Maria Aparecida Amaral

Editoração
Antônio Roberto de Carvalho

Capa
Alline Garcia Bullara
(Imagem SSB-866-4659 - Superstock/Grupo Keystone)

Impressão
Graphium Gráfica e Editora

Ficha Catalográfica

Dados Internacionais de Catalogação na Publicação (CIP)
— Câmara Brasileira do Livro | SP | Brasil —

Armond, Edgard, 1894-1982
A763s Salmos / Edgard Armond

São Paulo: Editora Aliança – 2021
ISBN 978-65-990196-6-1 / 128 páginas
1. Espiritismo 2. Religião 3. Filosofia I. Edgard Armond II. Título

CDD - 130

Índice para catálogo sistemático:

1. Espiritismo 2. Religião 3. Filosofia

Editora Aliança
Rua Major Diogo, 511 - Bela Vista - São Paulo - SP
CEP 01324-001 | Tel.:(11) 2105-2600
www.editoraalianca.com.br | editora@editoraalianca.com.br

Sumário

Dedicado aos Aprendizes do Evangelho

e

aos Discípulos de Jesus

Oferenda

Como homenagem humilde a Jesus, o Divino Pastor do rebanho humano, que tão sublimadamente assiste e com tão desvelado amor orienta pelos caminhos difíceis e dolorosos dos mundos expiatórios e, em reconhecimento aos méritos dos inúmeros aprendizes que nesta Casa[1] sinceramente se esforçam pela evangelização de suas almas, para que sejam discípulos, escrevi estes Salmos — forma literária diferente e desusada, mas cheia de encantos quando evoca os ensinamentos do Cristianismo, ajudando a difundir a verdade espiritual pelo mundo.

Essas mesmas verdades redentoras que a Doutrina dos Espíritos hoje corporifica, oferecendo esclarecimentos mais amplos e completos, tornando assim realidade consoladora a sublime promessa do Paracleto.[2]

São Paulo, Natal de 1978

O Autor

---

[1] Federação Espírita do Estado de São Paulo, na qual Armond foi organizador e ativo colaborador, tendo sido seu Secretário-Geral durante 27 anos. (Nota da Editora)

[2] O termo Paracleto (do grego, *Parakletus*) quer dizer Consolador, ou Intercessor — prometido por Jesus, à sua época, para trazer esclarecimentos futuros sobre a Doutrina da Boa Nova. (Nota da Editora)

Capítulo 1

A ação do Verbo e a criação da Terra. A fecundação dos germes e o nascimento dos seres vivos.

1 Antes que a Terra fosse
E no espaço surgisse
Qual lentejoula viva
A fulgurar,
Semelhante a outras,
Que semeavam de luzes belas
O céu profundo,
No éter infinito, Senhor,
Tua vontade concentrou-se
Para que se formasse
Este nosso mundo.
À tua determinação
Todos os elementos se conjugaram
Para o nascimento do novo astro,
Do qual Tu foste, oh! Poderoso!
O Divino Arquiteto.

2 E no espaço que, antes, era vazio,
Num certo ponto que elegeste,
Desenvolveu-se o caos terrível
Das forças brutas
Em plena expansão.

À Tua voz irresistível
Turbilhões de energias,
Vórtices abismais, prenunciadores
De movimentos desconhecidos,
Se desencadearam...
Mas, quando estendeste a mão,
Tudo, aos poucos, se aquietou,
E os elementos convulsos
Se ordenaram;
E formou-se um globo,
E o fogo arrefeceu,
E vieram os vapores e as chuvas,
E sopraram os ventos,
E separou-se o céu da terra,
E se fizeram os mares,
E as águas se pacificaram
Em obediência à Tua soberana vontade,
Porque Tu, oh! Senhor Nosso!
Foste o Artífice que modelaste
As formas,
Determinaste os tipos,
A feição da vida
De todos os seres e coisas
Que então existiram.

3 Quando desencadeaste as energias
Turbilhonantes
Do Cosmo
E lhes deste rumo e feição;
E quando os elementos se separaram
Cada um para o destino
Que lhe traçaste,
Oh! Beneficente!
Lançaste na terra e nas águas

Os germes da vida universal,
Que deviam proliferar
Naquele mundo novo,
Que Tu plasmaste com o amor desvelado
Do Teu coração.

4 E os germes foram fecundados
Pela força criativa imortal.
E assim vieram vindo
Os minerais,
As plantas,
Os animais,
E os homens dos primeiros dias,
Grosseiros como as próprias bestas...
E, deliciados, se banharam ao Sol,
Que brilhava como fogo;
E nele se aqueceram, pois que estavam nus.
E lutaram contra a fome,
E contra o frio,
E contra as feras terríveis,
Que dominavam naquele mundo virgem
Mal saído das águas fecundas,
Que caíam do céu.
E se ajuntaram e tiveram filhos,
E se multiplicaram,
E encheram a Terra.
Porque essa era a Tua palavra,
Oh! Magnânimo!
Para que outros Espíritos viessem,
Aos milhares,
Nascendo e sofrendo,
Evoluir, também, naquele mundo novo
Que Tu, oh! Divino Doador!
Fizeste nascer.

Capítulo 2

Formação de famílias e sociedades. Rivalidades e lutas.

5 E os seres se agruparam
E formaram famílias
E construíram cidades.
E nações poderosas surgiram
Governadas por homens terríveis,
Que procediam como feras
Violentas e más.
Assim a Tua criação maravilhosa
De amor e de bondade
Desde cedo, oh! Celeste Pastor!
Se cobriu do sangue de irmãos,
Entenebreceu nas sombras
Malignas
Da morte.

6 E assim vem sendo sempre, Senhor,
Por toda parte imperando,
Não o amor, mas o ódio;
Não a paz, mas a violência, o terror;
A força bruta dominando os fracos,
A lei do mais forte superando a tudo.
Nem um só dia, oh! Complacente!

Se passou desde então
Sem que o sangue dos sacrificados
Se derramasse na terra generosa,
Como um estigma
De brutalidade.

7 Que mundo é este — clamam os Justos —
Criado da essência pura
Do amor do Cristo,
Que somente manifesta
Brutalidade e violência?
É um mundo escuro
Habitado por seres primários
Que muito baixo ainda estão
Nas rotas da eternidade...

Capítulo 3

A mônada evolui pelos reinos e adquire experiência progressiva.

8 A essência divina, que existe
No ser vivo,
Antes que homem fosse, passou,
Como sendo instinto,
Pelos reinos naturais.
Por eles evoluiu
Como chispa de luz
Submergida
Na matéria escura...

9 Foi mineral e dormiu
Por eões de tempo,
Na imobilidade da terra fria.
E foi semente e germinou;
E foi árvore,
E deitou raízes no solo
Para fixar-se e sobreviver;
E floresceu e deu fruto,
E sombra e perfume;
E encheu a terra de prados verdes
E de florestas acolhedoras;

— E mitigou a fome de muitos...
Prosseguindo,
Como animal atravessou
O período nebuloso da inteligência,
Que desperta e não compreende;
Dos olhos que enxergam,
Mas não veem;
Dos corações que batem,
Mas não sentem.
E, por fim, eis que, alma de homem
Como a vemos,
Inteligente e viva,
Conhecedora do bem e do mal;
Possuindo mente que a consciência dirige,
Adverte, estimula e orienta;
E coração que pulsa
De amor e de ódio,
De coragem e de medo,
De alegria e de tristeza.
Alma de homens livres,
De psiquismo organizado
Para as lutas mais altas
Da evolução, que não cessa.

Capítulo 4

Separações e ódios geram o sofrimento, que aumenta sempre de vulto e de extensão. Afastam-se os homens de Deus; podem voltar, mas vacilam.

10 Neste mundo que criaste, Senhor,
Bem cedo os homens se separaram
Pelo sangue,
Pela cor,
Pelas crenças,
Pelos ódios;
E loucamente se entregaram
Aos vícios e às paixões da carne.
E pouco se diferençavam
Dos brutos.
E cada vez mais se afastavam
Da luz.
E mais se engolfavam nas sombras
Da morte.

11 O sofrimento, por isso,
Foi o quinhão de todos.
E prevaleceu a lei da justiça,
Traçando rumos dolorosos
Para o mundo,

Até que os homens começaram a bradar:
— "Nós somos a legião de peregrinos,
Que seguimos rumos tristes.
Somos aqueles que a dor e a morte
Marcaram com sinais
Que não se apagam.
Somos a multidão de sofredores
Cujos tormentos
Não têm fim."

12 E até hoje, Senhor, como Tu sabes.
O tormento não teve fim:
E a dor e a morte são companheiras
Inseparáveis
Que não se movem,
Dessa leva imensa,
Que Tu, oh! Compassivo!
Vais, com o teu amor.
Atraindo para as veredas
Da eterna
Luz.

13 Mas, ouçam os Justos; eles dizem:
— Oh! Vós que sofreis! Oh! Insensatos!
Por que vos afastastes
Do vosso Redentor,
E da sua bondade imensa, desvelada?
Por que desencadeastes
A Justiça Divina
Contra os vossos próprios dias?
E vos desviastes
Dos caminhos retos,

E vos entregastes
A sombrios terrores?

14 — Por isso agora sangram
Os vossos corações;
E buscam vossas almas
Remédio
Para os sofrimentos atrozes
Que vos dominam
E vos ensombram os dias.
Mas, para ventura vossa,
Infinito é o amor do Pastor Divino,
E sensível à desgraça
Seu coração misericordioso.
Voltai, pois, confiantes,
Ao aprisco;
Buscai novamente o aconchego
Dos seus braços
Acolhedores.

15 — Os lobos da planície vos assaltam,
E as tempestades se abatem
Sobre vossos corpos
Chaguentos.
E clamais socorro a esmo
E ninguém vos acode;
E brandais em vão vossos brados,
Que ninguém escuta.
Mas, oh! insensatos!
Não sabeis que no cimo do monte
Do sacrifício
Está o lugar do repouso

Santo?
Não vedes a luz como brilha
Lá no alto, como um aceno,
Um chamamento?
Por que vacilais?
Os lobos vos acossam na planície
E as tempestades vos vergastam
Os corpos abatidos
Pelas dores.
Por que vacilais?
Pela altura do monte?
Pelo esforço da subida?

Capítulo 5

O sacrifício do Cordeiro. Muitos O seguiram e ainda hoje O seguem porque o apostolado continua. Prece pela fraqueza dos seguidores.

16 Quantas vezes desceste, Senhor,
Às trevas deste mundo denso,
Para apontar aos homens cegos
O caminho da redenção?
Com sacrifício de Tua própria essência
O fizeste, oh! Divino Amigo!
Mas o clamor das multidões jamais
Te enalteceu, como deveriam,
E, por fim, insensatas,
Renegaram-te.
E "como o cordeiro humilde,
Sem abrir a Tua boca",
Foste imolado
No sacrifício cruento
Da cruz.

17 Então foi como se tudo terminasse,
E as sombras novamente se assenhoreassem
Da Terra infeliz...
Mas o Teu sangue abençoado
Frutificou
No coração de muitos.

E muitos, por Ti, se entregaram à morte,
Num comovente testemunho
De fé,
Para que fossem arrebatados,
Como o foram
Nas asas do Teu divino amor,
Ao reino resplandecente
Da Tua glória eterna.

18 E frutifica ainda, Senhor,
Cada vez mais fecundo e generoso
Nas almas humildes
Dos que seguem Teus passos,
Dos que vivem o Teu Evangelho
De amor e de luz,
Como adeptos da doutrina santa,
Que, em Teu nome,
Como mensageiros devotados,
Mesmo sendo poucos,
Apregoam ao mundo,
Desassombradamente,
Afrontando a ira dos poderosos
E dos fanáticos;
A aridez dos corações incrédulos
E endurecidos no mal
Que, nestes dias terríveis
Das vésperas do Juízo,
Combatem contra as hostes
Do Bem.

19 Recebe-os, Senhor, em Teus braços,
Quando a morte os arrebatar

Da batalha cruenta;
Porque lutaram e sofreram
Com o Teu nome nos lábios
E os corações postos
Nas esperanças
Do Teu reino.

20 Ampara, Senhor, aos teus servos,
Porque a luta continuará,
Terrível, por muitos dias;
E as trevas dominarão ainda
Por muito tempo
No deserto vazio e hostil
Do mundo cego.
Porque o coração do homem,
Oh! Salvador Nosso!
Continua voltado
Para as tentações do pecado,
Para os impulsos das paixões
Do instinto.

21 Ampara-os, Senhor, e considera
O seu desvalimento,
A sua fraqueza;
Porque a maldade os rodeia
Por toda a parte,
Sem tréguas, noite e dia;
E ainda longe estão
Da fortaleza íntima e do bom ânimo,
Que são virtudes
Dos justos e dos eleitos.

Capítulo 6

Ingratos são os corações humanos, porém, serão todos amparados, porque imensa é a tolerância divina.

22 Ouçam o que dizem os Justos:
— Ingrato e vazio é o coração
Do homem.
Ao alcance da mão
Lhe está
A bênção do amor divino
E vive no ódio;
O oceano da luz divina
— E vive na treva...

23 — Ingrato é o seu coração
E fria a sua alma...
Mas o Senhor dá sempre sem medida
Porque infinita é a sua
Misericórdia.
Por isso fulge o Sol
Nos céus azuis;
E brotam as flores nos prados;
E os pássaros cantam nos ninhos.
Doces são as alvoradas;
E suaves e comovedores
Os crepúsculos...

24 — Sempre tardo — dizem Eles —
E relutante é o homem
Em seguir pelo caminho reto,
Que conduz a Deus.
Tenaz na sua rebeldia,
Intolerante e mau,
Compraz-se em desprezar
A salvação
Na palavra do céu.
Mas há sempre mãos que se estendem
Para os transgressores;
E corações piedosos que palpitam
Pelos réprobos;
E esperanças novas,
Que todos os dias renascem
Para alentar o desgraçado,
Que se abate
No pó;
Almas devotadas que se alegram
No serviço do necessitado.

25 — É cheio de contradições
O coração dos homens,
Afastam-se de Deus, desprezando
A felicidade,
Que só Deus pode dar,
E, quando os males sobrevêm,
Como se vítimas fossem,
Clamam
Contra as aflições
De sua alma!

Capítulo 7

Tudo se renova depressa, neste mundo — menos o coração do homem, cuja evolução é lenta; inúmeras vidas viverá, antes que atinja os páramos eternos.

26 Dizem os Justos:
— Vede, na primavera,
Como tudo floresce
E se renova depressa!
Menos o coração do homem,
Onde sempre dominam a tristeza,
A maldade e o temor da morte.
Fora dele a natureza inteira
Palpita e glorifica
Com alegria
A força transformadora da vida
E do amor;
Mas nos corações humanos
Sempre perduram
As sombras... as dúvidas...

27 — Sabei, oh! pecadores! — dizem Eles:
— O homem não foi posto
Neste mundo
Para o gozo de sua alma,

Para a paz do seu Espírito,
Mas, para a conquista de sua redenção.
Estas são venturas próprias
De mundos felizes,
Habitados por seres perfeitos,
Cujas almas se burilaram
Ao fogo da adversidade
Em muitas vidas.
Este é um mundo sombrio,
Mundo de provações,
Onde há choro e ranger de dentes...
Não haja, pois, ilusões
Nas almas tristes
Daqueles que, na Terra, cumprem
Seus destinos
Amargos.

28 Vidas inumeráveis vivem os homens,
Errando pelos mundos,
Rastreando muitos sóis
Antes que surjam, nos altos cimos,
Do Reino Santo
Como seres vivos e belos,
Radiantes de luz...
Assim, nascem e morrem
Morrem e renascem.
E as vidas vêm e as vidas vão...
E eles caminham sempre,
Incessantemente, penosamente,
Pelas estradas misteriosas
Da eternidade
Sem limites...

Capítulo 8

Como sejam poucos os que hoje seguem ao Cristo, verdadeiramente, o sofrimento, a violência e a maldade dominam por toda a parte e Jesus está novamente no Calvário. Seus ensinamentos são em grande parte desprezados, mas Ele será o juiz dos bons e dos maus.

29 O Cristo veio para redimir a todos,
E aos tristes e desesperados
Ofereceu
Esperanças imortais de salvação.
Mas hoje quantos seguem seus passos?
Quantos ouvem suas palavras?
Ele marcou fundos trilhos
Nas planícies do futuro:
Mas quantos andam por eles?
Recebem seus ensinamentos
E os cumprem?
"Grande é a seara, disse Ele,
E poucos os trabalhadores."

30 Por isso os horizontes do mundo
Escureceram
E a vida ficou sendo
Um tormento sem fim.

E há lamentações por toda parte
E brados de revolta
E gritos e imprecações
E tristeza e luto.
Assim cobriu o homem
De sombras e dores
Seus próprios caminhos.

31 Bradam os Justos:
— Abri vossos olhos, oh! peregrinos!
E vede agora
Como os campos da Terra
Se ensanguentam
E como cidades e searas são devoradas
Pelo fogo impiedoso!
Máquinas, terríveis voam
Pelos céus azuis
Tisnando-os de fumo negro
E despejam na terra sofrimento
E morte.
E nas águas dos mares
Naves traiçoeiras
Conduzem a morte no seu bojo.
A desgraça por toda parte se vê
E sacrifica milhões de combatentes
Fratricidas.
Abri os olhos e vede, oh! peregrinos!
O começo do fim...

32 Por isso o coração do Cordeiro
Se confrange;
E se voltam seus olhos compassivos

Para os flagelados,
Como no Calvário.
Porque novamente o Cristo
Está no seu monte,
Formado agora por milhões de corações
Impiedosos e descrentes,
Que blasfemam do seu nome,
Que o negam e repudiam.
Por isso seu corpo novamente sangra,
Como no passado,
Pelos pecadores impenitentes,
Que desprezam seu convite de salvação,
O qual, há dois mil anos,
Em vão
Ecoa pelo mundo.
Mas, sabei, oh! Insensatos!
Que a lei divina se cumprirá
Na hora justa
E cada um receberá o quinhão
Que lhe competir
Da justiça perfeita de Deus.

33 Dizem os Justos:
— Farto de maldade é o coração do homem
E farta a sua mente de ideias de morte.
Como afastados estão,
Cada vez mais,
Do seio carinhoso do Senhor
Aqueles pelos quais
Ele entregou-se à morte!
Quão longe estão do Amigo Celeste,
Que desceu ao meio deles.
Para ensinar aos cegos de Espírito

A vanidade do mundo que passa,
As ilusões da matéria,
Que a morte destrói!

34 Por isso Ele será o juiz.
E, no fim dos tempos,
Que já vêm próximos,
Afastará o justo do pecador,
Separará os bons dos maus
E a cada um dará
Segundo suas obras:
Porque esta é a lei
Da justiça divina.

Capítulo 9

Jesus é o guia, e, pois, caminha à frente, mas, triste é o destino dos que se desviam! O Mestre atende aos apelos, dá poderes aos discípulos para agirem em Seu nome. Por isso, o verdadeiro mérito está em servir desinteressadamente, confiando sempre n'Ele.

35 Dizem os Justos:
— Por todos os carreiros do mundo
Como Pastor solícito,
Tu caminhas, Senhor, à nossa frente,
Com o teu cajado batendo no chão,
Marcando o ritmo
Dos nossos passos.
Fonte de luz e de vida, Tu renovas,
Oh! Beneficente!
Constantemente, nosso alento,
Nos ajudando a suportar
As agruras da marcha,
O cansaço e a tristeza.
Sem Ti, oh! Divino Condutor!
Que não seria de nós, caminhando
Em meio a tão densas trevas!

36 Tu és, Senhor, a luz divina
Que irradia de todas as almas.
Mas se estas se tisnarem
Com as maldades do mundo,
Como poderás Tu, oh! Compassivo!
Clarear as suas rotas,
Nortear os seus passos,
Amparar as suas quedas?

37 De mãos dadas os Justos seguem Contigo
Por estradas difíceis,
Com segurança e firmeza,
Porque vão Contigo.
E assim alcançam os pousos
Acolhedores,
Porque não há outro rumo para os atingir,
Senão o que Tu indicas.
Mas que será daqueles que se apartam
E enveredam por desvios?
Dos que desprezam Tua voz
E se afastam do rebanho?
Eis que as trevas os envolverão;
Cairão nos abismos terríveis,
Onde a própria esperança desfalece
E Tua voz mal poderá ser ouvida
Por causa do clamor
De suas bocas!

38 Ouvi os Justos, eles dizem:
— Aos ouvidos abertos para o Cristo
A hora da realização soa
Como um grande sino,
Que abafa todos os outros rumores.

E não deixa lugar
Para vacilações e temores;
Lembra-te, oh! Discípulo!
Das promessas do Senhor, que disse:
"Quando o caminho se tornar difícil,
E trôpegos ficarem teus passos,
E quebrantado o teu ânimo,
Chama-me, que ouvirei teus brados,
E te guiarei pela mão até que chegues
A um lugar de segurança".
Aguarda, pois, caminheiro,
Dia por dia,
Confiadamente,
A voz poderosa,
Que te chama para o caminho
Da redenção.

39 Aos servos fiéis o Senhor concede
Poderes de Espírito,
A serem utilizados para o bem de todos.
Porque serão os servidores
Como lâmpadas,
Que iluminam onde estão.
Fontes vivas de consolação
Para os sofredores;
Árvores frondosas de boa sombra,
Que agasalham a muitos.

40 No sacrifício humilde de todos os dias
Pelos que sofrem,
No esquecimento de si mesmos
Está o mérito dos que servem

E o seu galardão.
Porque o Cristo veio
Para os pequenos, para os infelizes
E para os homens
De coração simples, que anseiam por arrimo
E consolação.

41 Servireis, pois, sempre com humildade;
Ensina o Senhor;
Com valor e desprendimento,
Sem visar retribuições
Do mundo,
Para que o vosso trabalho seja inscrito
No céu
E não recebais aqui mesmo
A vossa recompensa.
"Porque aquele dentre vós
Que quiser ser o maior
Seja o servo de todos."
E se o vosso salário for pago
Neste mundo, quando voltardes
Chegareis ante o Senhor
De mãos vazias.

42 Dizem os Justos:
— Vede como o Senhor serviu sempre
E serve ainda!
O seu divino apelo: “Vinde a mim
Todos os que estais cansados
Continua a ecoar pelo mundo,
Qual chamamento de amor
E de misericórdia,
Qual esperança, que jamais
Se extingue.

43 Confiança, pois, tenha o homem
E não esmoreça,
Porque o Senhor vela por todos,
Aplaina os caminhos,
Afasta os obstáculos,
A todos conforta e sustenta
E beneficia
Com a bondade imensa
Do seu coração.

Capítulo 10

O mundo é enganador e afasta o homem de Deus. O orgulho o desvaira e o sofrimento não o abandona. Mas de Deus procedem todos os bens e Jesus é o Divino Redentor.

44 O mundo exterior é vacilante
E transitório.
É o mundo das aparências,
Que não tem realidade permanente.
Seus enganos atraem os homens
E os desviam dos rumos certos
Que levam aos mundos espirituais.
Tão fortes são eles,
Que os tornam cegos;
E somente a dor os traz de volta
Ao reino interior
Onde Deus está.

45 Suas tentações prendem os homens
À matéria
E os absorvem na ilusão
Do que é perecível.
Enquanto não se libertam
Dessa subjugação,
Enquanto a experiência não arranca
De seus olhos

Lágrimas de sangue,
Longe estão do Divino Pastor,
Porque arredados estarão
Seus corações.
"Onde estiver a carniça — ensinou o Mestre —
Aí estarão os corvos."

46 Quando o mundo levanta o homem
E o orgulho o desvaira,
E ele blasona de seu mesquinho poder,
Por mais que se eleve,
Muito breve se ouvirá o fragor
Da sua queda.
Porque nos planos baixos
Tudo é instável, sem consistência
E fraco é o Espírito que se gloria
De si mesmo.
Mas volta-te, oh! discípulo!
Para o Senhor
E n'Ele encontrarás tua fortaleza;
E fundas raízes plantarás
Na rocha firme que não oscila
Com os ventos.
E desafiarás a própria morte,
Porque as virtudes do céu se transfundirão
Em ti, dando-te uma nova vida,
Mais potente e mais ampla.

47 Ouvi o que dizem os Justos:
— Rastreando os passos dos homens
Nos seus caminhos ínvios,
Vai o sofrimento, vão as dores,
E não há repouso...

Mas não desanime o sofredor,
Que o que deve é lutar.
Não descreia do auxílio divino,
Que jamais falta,
Porque nos degraus primeiros
Da escada infinita
Somente os que sofrem compreendem,
Se humilham e se salvam.

48 O Senhor é a força dos que lutam,
E o consolo dos que sofrem.
Sua mão poderosa
Ampara o caminheiro nos seus caminhos;
Sustenta o pecador nas suas quedas
E o enfermo nos seus males.
Quem renova, no mundo,
Todos os dias,
O alento dos que vivem?
Quem alimenta,
As esperanças dos que morrem
Após tormentos
Desta encarnação?
Seu amor vigilante e suave
É o repouso dos aflitos,
O acalanto dos que vão dormir...

49 Descansa, pois, oh! peregrino!
Na confiança do teu Redentor.
Pois que se o amor d'Este
Fosse somente para os perfeitos,
Para os que não pecam,
Que necessidade haveria d'Ele
E onde estaria a Sua justiça?

Capítulo 11

A alma evolui, subindo sempre, e o erro é natural nos primeiros passos. A paciência prova a fé e no amor de Jesus todos podemos descansar, com segurança.

50 Divino é o homem na sua essência,
Reflexo vivo de Deus ele é.
Porém, somente quando a alma se afirma,
Dominando o Eu transitório,
Conquista ele a individualidade,
Que não muda.
Ascende a esferas mais altas,
Integra-se na unidade universal.

51 Assim, pois, não haja temor,
De penas eternas,
Nos corações aflitos,
Porque nos passos inferiores
Da ascensão,
Quando imperam a ignorância
E a inexperiência,
Natural é a transgressão,
Inevitável o erro.

52 Nas cruezas das provas, pois,
Não desanime o transgressor
E aguarde com paciência
A sua hora.
Porque a paciência prova a fé
E assegura as alegrias
Da consumação.
— Sereis provados na fé — dizem os Justos —
Pela paciência, para aprenderdes
A esperar sem desespero,
Purificando-vos dos vossos
Próprios erros,
Levando com coragem vosso fardo
Até o cimo
Do vosso monte.

53 Nas horas difíceis, oh! vós
Que tendes paciência!
Volvei os olhos para o Divino Pastor
E vereis que, qual uma bênção,
Qual uma força de renovação,
Seu auxílio virá sobre vós,
Sem tardança...
Mantendo a fé pela paciência
Desencadeareis o amor do Cristo
E o seu poder vos cobrirá;
E n'Ele descansareis
Dos tormentos do pecado,
Das atribulações do mundo
E das amarguras
Do sofrimento.

Capítulo 12

É preciso amar as adversidades e aguardar a libertação, eis que tudo muda; permanecer de pé, arrostando o sofrimento com paciência para saldar os débitos do passado.

54 — Ama as adversidades — ensinam os Justos —
Não fujas do que te faz sofrer,
Para que não retardes
Tua ascensão.
Por isso disse o Mestre:
"Se queres ser meu discípulo
Renuncia a ti mesmo,
Toma a tua cruz
E segue-me."
Ama, pois, as adversidades,
Não fujas delas, peregrino,
Pois que serão degraus para subires
Muito alto, junto ao coração do Senhor,
Que te aguarda pacientemente,
Há quanto tempo!

55 Dizem os Justos:
— Alma triste que sofres
E que aspiras livrar-te da carne

Para ascenderes mais depressa
Aos reinos celestiais,
Não te precipites:
Há tempo marcado para todas as coisas
E também para os dias da tua vida.
Aguarda com paciência
A hora da tua libertação.

56 — Não te inquietes
Quando os teus dias não forem bem,
Quando soprarem para ti maus ventos.
Tudo muda a todo instante;
A roda da vida não pára
De girar
E há sempre um amanhã mais feliz
No horizonte dos que são tristes,
Nas esperanças
Dos que sofrem.

57 — Mesmo quando tudo desmorone
Em roda de ti,
Conserva o teu ideal,
Guarda a tua fé, confia...
Mesmo quando se desencadeiem
Contra ti as mais duras penas,
Permanece de pé, oh! discípulo!
Dá testemunho de confiança
Na proteção do Senhor
Que a ninguém desampara.

58 — Quanto mais intensos teus sofrimentos
E mais duras as tuas provas,
Mais estarás na hora da mudança.
Sê paciente, guarda silêncio e espera,
Porque o mérito vem pelo que sofremos,
E nessas horas difíceis a mão de Deus
Está sempre mais perto.
Tem presente, oh! discípulo!
Que ninguém veio a este mundo
Para repouso e alegria,
Mas para lutas e penas,
Sacrifícios e renúncias.

59 — Não te rebeles, pois, quando sofreres
Decepções, vinganças, ultrajes,
Calúnias.
São dardos que ferem, mas concorrem
Para a edificação de tua alma.
Porque é preciso saldar todas as dívidas
Do passado,
E se o fizeres com humildade
Serás exaltado
E grande será o teu galardão
Nos céus.

Capítulo 13

É preciso fugir de rebeldias e submeter-se às leis de Deus, para receber as Suas graças; porque Ele dá sem medida aos que O revelam em si mesmos; Deus está no íntimo de cada um e não nas coisas exteriores.

60 — Quando tudo te for contrário
E nada realizares do que aspiras,
Considera, oh! discípulo!
Que isso não te é devido,
Não faz parte das provas
Que deves desta vez suportar.
Compreende, pois, e vive
A vida que te pertence, com paciência,
Submetendo-te à vontade de Deus.
— Que o orgulho não te inspire
Rebeldias inúteis.

61 — Submete-te às leis,
Tolerando e servindo e assim serás
Verdadeiramente sábio.
Não te preocupes com que os homens
Desejem grandezas e vivam nelas,
Desprezando os desvalidos;
Desejem glórias terrenas

E se envaideçam delas,
Como se privilegiados fossem.
Quanto a ti, segue o teu rumo,
Resignadamente,
Para conquistares as glórias
Imperecíveis do mundo divino,
Glórias que não têm preço,
Que são herança
Dos que servem.

62 Dizem os Justos:
— O Senhor dá sem medida
E as fontes de Sua munificência
Estão sempre abertas
Jorrando para o mundo
Amores e bênçãos.
Mas, porventura, oh! Pecadores!
Nas impurezas que vos cercam,
Ou que de vós próprios emanam,
Poderão chegar às luzes
Purificadas
E o alento sublimado do Senhor?
Oh! filhos do erro!
Nos charcos pululam as rãs
E conquanto, das estrelas,
O brilho alvinitente ali se reflita,
Quão longe elas estão!

63 — Ouvi, oh! pecadores!
De tempos a tempos é preciso

Voltardes as costas ao mundo,
Refugiar-vos no silêncio,
E aguçar bem os ouvidos para ouvir
A voz do Senhor, que fala
No mais íntimo dos corações.
Voz que não tem som,
Mas que soa muito alto
Nas horas de necessidade.
Buscai ouví-la,
Para que ela penetre em vossas almas
E vos levante cada vez mais alto,
Para os céus,
Dando-vos novas forças,
Pureza e alegria.

64 À medida que vossos corações pulsem
Cada vez mais fortes de amor pelo próximo,
Mais alto a voz ouvireis,
Cada vez mais perto estará.
Dedicai-vos, pois, aos que sofrem,
Tanto aos bons quanto aos maus,
Aos amigos quanto a inimigos
Porque o amor divino
A todos cobre,
E o sol brilha sobre todos;
Porque perfeita é a justiça de Deus.

65 Quando o sofrimento vos atingir
E o desespero vos empolgar,

Blasfemais contra o Senhor, dizendo:
"Onde está Ele, que não acode aos necessitados?
Em que sítio se esconde, que não é visto
Por quem o chama?
Por que não ouve os clamores
Dos que sofrem?"
Assim clamais, sem saber onde Ele está;
E blasfemais em vão.
Mas, sabei, oh! pecadores! que dentro de vós mesmos
Ele está.
Auscultai vossos corações:
Se houver neles paciência e bondade
Ele ali estará.
Se houver humildade e amor
Ele estará.
Porque o que assegura Sua presença
Não são pompas nem ritos,
Grandezas ou luminárias,
Mas virtudes do Espírito
Amadurecido no sofrimento.

66 Fecha a tua boca às palavras vazias:
Vive no teu silêncio;
Fecha teus ouvidos às murmurações
E aos rumores fúteis do mundo.
E quando estiveres só,
Sozinho contigo mesmo
Ele estará mais próximo
De ti.
E Sua voz ouvirás
Com mais facilidade.

Capítulo 14

Jesus aponta rumos certos e ensina as regras da conduta perfeita; aqueles que se devotam ao Seu serviço se transformam em luzeiros que brilham nas trevas do mundo.

67 — Sem Jesus nossa vida não tem rumo —
Dizem os Justos — não tem alvo.
Mas todo bem possível conosco estará
Se com Ele estivermos.
Porque Ele é o Verbo, que tudo fez
Do que existe;
E toda a humanidade está debaixo
Da sombra do seu manto.
Porque sobre todos Ele estende
Sua divina proteção.

68 — Ele ensina a viver, a sofrer,
A esperar,
A compreender e a renascer
Para a vida eterna.

69 — Milhões o invocam pedindo benefícios,
Reclamando favores,

Todos os dias.
Mas raros se devotam sem nada pedir,
Sem nada esperar
Salvo o amor d'Ele mesmo
E a glória do sacrifício consciente.
Estes já vivem a vida eterna,
Em comunhão santificante,
Permutando com Ele
O amor imortal.

70 — Aquele que com humildade
E amor
Se une ao Senhor, este recebe
A Sua luz,
Torna-se ele mesmo uma luz,
Que ilumina por onde passa.
E guia os corações
Envoltos em trevas.

Capítulo 15

Difíceis são os caminhos, porque não há alegrias na Terra. O mundo é cheio de tentações e de abismos e infelizes são os que se afastam de Deus.

71 Difíceis são os caminhos deste mundo
Semeados de tropeços, sofrimentos,
Decepções, desenganos.
Cada homem é como um penitente,
Que segue rodeado de sombras e terrores
Caindo e levantando-se,
Levantando-se e caindo.
Torturando-se cada um com seu destino,
Seus resgates,
Seus males,
Seus amores,
Seus ódios.
Em nenhum rosto, Senhor, se pode ver
Alegria, destemor, felicidade verdadeira.
Em nenhum coração impulsos sadios
De amor desinteressado.
Mundo de sofrimento este
Que é morada do homem
De coração frio,
Que na Terra encarnou.

72 Porque alegria existe além do mundo
Mas não aqui, que tudo é triste.
Nem aqui vicejam a paz e o amor
Verdadeiros,
Porque os corações vibram
Nas vascas da sensualidade,
Das ambições;
Nos ímpetos das paixões
Brutais;
Braços sempre prontos para o assassínio
De irmãos;
E olhos que se comprazem
No que é transitório,
No que é vão;
No que não tem permanência;
No que passa...

73 Porque é este um mundo
De expiações e de provas,
Onde os transgressores
Vêm resgatar seus débitos
Do passado;
Onde a felicidade é um mito.
Mundo infeliz onde imperam
A ignorância,
A ilusão,
As paixões do instinto
E os terrores
Da morte.

74 A cada passo os abismos se abrem
À frente dos homens
E estes não detêm seus passos:
Como cegos, tateando, vão sempre,
Prosseguindo,
E por fim rolam para o fundo,
Onde as trevas os envolvem
Sem piedade...

75 Porque escuros e tenebrosos
São os caminhos
Daqueles que se afastam de Deus.
Os céus se fecham para eles,
Entenebrecem,
Sem uma estrela;
E a terra se transforma num deserto
Quando eles passam,
Por serem estéreis seus corações.
E nada espalham de bom em torno,
Senão malefícios:
Porque escuros são os destinos
Daqueles que se afastam
Da luz.

Capítulo 16

Todos caminham arrastando o passado como um fardo; e é preciso caminhar depressa, auxiliando-se uns aos outros, e caminhar com Jesus, para que não haja desvios, pois difíceis são os caminhos do Evangelho e terrível a luta contra si mesmo.

76 Dizem os Justos:
— Caminhais, homens! arrastando
Sob vossos passos
Os produtos sempre crus
Do passado animal.
Ninguém se livra desse fardo,
Herança natural de todos;
Ninguém se liberta dessa mácula,
Senão após duros resgates,
Vida após vida,
Com sofrimentos e tristezas.

77 Caminha, pois, depressa, oh! discípulo!
Sem desfalecimentos
Enquanto o teu corpo respira,
Porque o tempo é veloz e não cessa
De passar.
O Sol já se deita no horizonte,

Tudo está ficando escuro lá fora
E as sombras já estão envolvendo
Toda a paisagem.

78 Mas não te precipites, nem te afoites
Em impulsos inúteis
Pois, na eternidade,
Estão os teus caminhos.
Não te afadigues em vão.
Conserva as forças e o bom ânimo
Para o combate verdadeiro.
Que teu alvo seja sempre o céu
E tua mão sempre se estenda
Em amparo dos que caem;
E que teus passos ecoem
Nos ouvidos dos que te vêm atrás,
Como estímulo
E encorajamento.

79 Com a alma triste, o terror em volta,
E a vida sem estímulos,
Que haverá no mundo que sustente
O caminheiro?
Sombrias e silenciosas são as ruas
Por onde passa;
Apressados os homens,
Hostis os corações e vazios de bondade.
Para eles, oh! discípulo! teu auxílio
Tem grande valor: Ser-lhes-á
Encorajamento e consolação.
Mantém-te, pois, unido a Jesus,
Para que sejas um veículo
Da misericórdia divina

Para os sofredores
Do mundo.

80 Mas como poderás caminhar
Com o Senhor junto a ti
Se teus sentimentos forem maus?
Se as luzes do Evangelho
Ainda não houverem modificado
As vibrações de tua alma?
Eis, pois, é preciso
Que te purifiques,
E pulse o coração no ritmo suave
Do amor universal
Para que mereças
A companhia consoladora
Do Divino Redentor.

81 Mas, ai de ti, ai de nós todos!
Quão difíceis são os caminhos
Que o Evangelho aponta!
Como mudar os sentimentos,
Se ainda tão próximo está o homem
Da vida animal, com seus impulsos
De violência, de sensualidade,
De egoísmo e perversão?
Por mais esforços que faça o homem
No sentido da conduta reta,
Sua alma se desvia, a todo instante,
Para as tentações do mundo inferior.
Como é árdua a luta que ele trava
Contra si mesmo
Para elevar-se, e como é longo
O caminho da purificação!...

Capítulo 17

Ninguém se livra das mágoas; mas, as desilusões, essas vêm dos homens. Há necessidade de ideais sustentadores e de desprendimento do mundo material, aspirando-se somente os bens de Espírito.

82 Nada existe,
Ninguém existe no mundo
Que esteja livre de atribulações
E de mágoas,
Pois que é natural deste mundo de provas
Sermos todos
Provados nas dores...

83 Quem põe sua confiança nos homens
Colhe sempre desilusões.
Mas quem se volta para
O Divino Condutor
E segue a senda sacrificial,
Que Ele traçou
Para todos os discípulos,
Esse vai com o coração alegre
E vai sem temores
Por quaisquer caminhos.

84 Neste mar encarpelado do mundo
Em que as paixões se entrechocam
Fragorosas,
Como vagas de tempestade,
Se não houver ideais que o sustentem,
Perseverança na fé,
Confiança no Senhor,
Soçobrará o navegante sem remédio
No pélago profundo
E não deixará vestígios...

85 Nada desejes do mundo, oh! discípulo!
O que te pertence te será dado
No momento justo.
Mas tem presente que tuas dívidas
Tu as pagarás de qualquer forma,
Com ou sem acréscimos.
Aspira, pois, somente
O que é do espírito,
O que vem de Deus,
O que te ajuda a galgar
Mais depressa
As escadas dos céus.

86 Utiliza os bens que a vida oferece
Pela mão generosa de Deus
Mas não te prendas a eles,
Porque somente geram desilusões.
São coisas passageiras,
Que exigem dos homens esforços enormes

Para serem conquistadas;
Esforços maiores ainda
Para serem preservadas;
E angústias terríveis, pelo receio
De serem perdidas.

87 Vive no meio dos teus semelhantes,
Dando de ti o que puderes,
E nada pedindo,
E nada esperando,
Para que não tenhas decepções.
E quando te abandonarem,
E amarguras forem teu alimento;
Quando te traírem ou maltratarem,
Não te desesperes,
Porque inconstante é o coração dos homens
E a ingratidão lhes é
Atributo comum.
Aspira somente o que vem de Deus,
Que é o que exalta
Após a morte,
E não depende do mundo.

88 Não ambiciones a riqueza,
Não te iludas com ela.
O que ela dá não dura,
Dilui-se como fumo, só deixando
Amargores e inquietações.
Nenhum rico facilmente entrará
No reino dos céus, disse o Senhor.
Porque terrível é a ambição que desperta
E imenso o orgulho que dela provém.

Não ambiciones a riqueza, oh! discípulo,
Não te iludas com ela:
Se não a tens agora como prova,
Rende graças a Deus.

89 O Espírito amadurecido não busca
Comodidades ou grandezas.
Suporta as adversidades e as penas
Com paciência e bom ânimo;
Ama o trabalho do bem e não se delicia
Com o repouso, por mais justo que seja.
Pois sabe que maior que o seu esforço
É sempre a necessidade dos que sofrem.
Da qual uma parte lhe pertence.

Capítulo 18

O amor verdadeiro é espiritual. O coração dos homens está cheio de amores impuros, prevalecendo neles o amor de si mesmo. Jesus é a fonte do Amor Universal.

90 O amor vulgar não tem duração.
É como o vento: mais forte ou mais fraco,
Sempre sopra e sempre passa,
E como o fumo se esvai
Deixando ressaibos amargos.
Mas o amor espiritual nunca se extingue,
É fiel e aumenta sempre.
À medida que o tempo passa
Mais puro se torna
E mais duradouro.

91 O amor verdadeiro é paciente,
Humilde e forte nas adversidades;
Pois que nos planos baixos
Não se ama sem sofrer.
Ele vem de corações simples,
Purificados
Nas agruras da vida e da morte.
Não pode haver este amor de envolta
Com os defeitos,

As ambições e os vícios
Que o mundo glorifica.
Refugia-te, pois, oh! discípulo,
No amor espiritual,
Para que não te enredes
Na trama dos desejos
Absorventes
Do mundo material.

92 Guarda-te, porém, do amor de ti mesmo,
Do grande mal que te prova
O quão retardado estás na evolução;
Quanto tempo viverás ainda,
Peregrino das esferas baixas,
Caminheiro de sendeiros ínvios?
Esquece, pois, de ti mesmo,
E vive pelo Espírito,
Torna tua vida útil
Amando ao teu próximo,
Vivendo por ele,
Servindo-o sempre.

93 Aquele que somente vive para si próprio
Jamais sente amor verdadeiro,
Porque este é amor de Espírito
Para Espírito.
Sua marca é o desinteresse,
A generosidade, porque somente busca
A felicidade de quem ama.
Por ele sofre, renuncia, e morre,
E ressuscita,
E não tem zelos.

94 O coração do homem está sempre cheio
De amores impuros.
Os amores santos, que, sobre todos,
Ali deveriam permanecer
São sempre ausentes.
Por isso o homem não voa,
Rasteja.
Morosos são os seus passos,
Lenta sua ascensão
Para os mundos celestiais.

95 Não só por ser o Arquiteto Divino,
Que modelou as formas,
Determinou os tipos,
Organizou a vida,
Delineou as etapas
Da civilização do nosso orbe;
Mas por ser a fonte mais fecunda
De amor universal,
Jesus é o consolo dos que sofrem,
É o redentor da humanidade.
A esperança que não morre...

Capítulo 19

Os que amam a Jesus sintonizam com Ele pelo amor ao próximo. Há amores mais altos que os da carne.

96 Mas quem ama a Jesus — o Divino Pastor?
Os que para Ele apelam a todo instante
Mas não se arredam do mundo?
Quantos seguem seus ensinos?
Os que nos templos reverenciam seu nome
Em ritos atraentes,
Ou os que o acalentam no íntimo
Do coração,
Tomam sua cruz e seguem sem murmurar
E sem nada pedir?
O que mais agrada ao Senhor,
Oh! discípulos,
É o amor que devotais ao necessitado;
É a caridade que por ele demonstrais.

97 Dizem os Justos:
— Apertai o vosso coração,
Macerai-o se preciso,
Para que ele verta amor gota a gota.
Sem amor estareis sempre longe
Da felicidade espiritual com Jesus.

Como vibrar em sintonia com Ele,
Sem amor?
Como alcançá-lo, se ficares
Distante
Pelos sentimentos negativos?

98 Não vos desorienteis,
Pela carne perecível.
Outros amores há, mais perfeitos
E mais altos, para alegria
Do vosso coração.
Amores do céu, não da terra,
Do espírito, não da carne,
Do ser divino, não da besta.
Não vos desorienteis pelos amores
Do mundo, que outros há
Mais perfeitos e mais altos,
No infinito.

99 Eis que eles são:
O primeiro por Deus Pai,
Criador nosso, que tudo gerou
De si mesmo, no infinito do tempo,
Princípio e fim de todas as coisas;
De cuja mente proviemos
Como um pensamento imortal.
Deus, a existência sem limites,
Que foi, é e será para sempre.
O segundo por Jesus — o Cristo Planetário,
O Verbo de Deus, que tudo plasmou
Do que neste mundo vive,
Na carne e no espírito.

O Senhor da compaixão sem limites,
Que se imolou num madeiro rude
Por amor dos homens
E continua crucificado
Pela maldade de muitos.
E o terceiro pela humanidade,
O amor de irmão para irmão,
Por todos os que habitam este mundo
E pelos habitantes
De todos os mundos.
“Ama a teu próximo como a ti mesmo”,
Eis o que está escrito
No Livro da Vida.

100 Estes são os três amores santos,
Que devem dominar no coração dos homens;
Amores divinos, que enaltecem a vida,
Que a saturam toda
E que vinculam o Espírito às regiões
Sublimadas, da luz.

101 Fora deles que mais existe
Se não paixões,
Corrupção,
Tentações do mundo,
Ilusões passageiras?
Que mais existe se não egoísmo,
Ignorância, sensualidade,
Instinto?

102 Mas ama também a ti mesmo,
No sentido da elevação moral,
Caminhando por veredas retas,
Sem transgressões, sem desvios,
Buscando sempre o alvo maior,
Que está muito além desta vida;
Lutando sem descanso pela ascensão
Espiritual,
Que a todos levará um dia
Aos páramos eternos
Nos reinos da luz.

Capítulo 20

Enche teu cântaro de amor e dias mais belos terás. Levanta-te para Deus, incende-te de amor e com essas asas galgarás o infinito.

103 Dizem os Justos:
— Oh! tu, que tens sede,
E que o calor do deserto
Ressecou;
Enche teu cântaro
Na fonte divina do amor
E retoma o teu caminho,
Com mais ânimo
Pois que purificada está agora
Tua alma.
Fortalecido o teu coração...
Enche o teu cântaro,
Oh! caminheiro
E prossegue...

104 O amor traz claridades novas
Às sombras das almas,
E projeta sua luz por estradas longas
E escuras.

Novos dias amanhecerão para ti;
Oh! caminhante,
Se tiveres amor
No teu coração.

105 Que tua alma se queime em labaredas,
Na pira do amor divino,
Que, assim, teu Espírito galgará
Mais depressa
A escadaria deslumbrante
Das esferas de luz,
Que vão até Deus.

106 Se sentires no coração
O frio do egoísmo,
Que enregela,
E do orgulho, que separa,
Acende-te de amor
E arde qual uma tocha,
Se puderes,
E o céu da tua alma escura
Se acenderá também
De estrelas.

107 O amor ser-te-á como asas
E de todos os teus caminhos
Te esquecerás, quando,
Qual um pássaro veloz,
Te lançares
Para os cimos azuis

Dos mundos celestes,
Que te acenam do infinito.

108 Dizem os Justos:
— Sabei, oh! discípulo,
Que sofres porque não amas,
Porque o amor supera
Todas as dores.
Se souberes amar subirás
Aos reinos claros e felizes
Onde o Divino Pastor te aguarda,
Há muito tempo, para recolher-te
Em Seus braços.
Distende tuas asas, peregrino.
E voa para os céus.
Pois a felicidade
Não é deste mundo
Sem amor.

Capítulo 21

Deixa que o amor emane de ti e se derrame em torno.
Não fujas das afeições do mundo,
pois mais evoluído é quem mais ama. Só no amor existe felicidade, porque a lei do Cristo é amor.

109 Teu coração, oh! caminheiro,
É como um poço seco,
Que não verte água,
Que não mata a sede de ninguém.
Somente o trabalho da dor,
Cavando sempre, descobrirá
A água pura da tua alma
Escondida no fundo.

110 Fonte de amor és tu, pois que em ti
Deus está.
Deixa que de ti emane, qual um rio,
Se derrame ao teu redor
Qual uma bênção,
A água dessa fonte.
Para que tudo, junto de ti,
Floresça em lindas cores.

E tudo se acenda de luzes,
E se alonguem os teus passos,
E se alegre o teu coração,
Oh! discípulo,
Nos teus caminhos tristes;
Deixa que emane de ti
A água dessa fonte.

111 Vive em ti mesmo
Em silêncio,
Unido ao Senhor
E não te preocupes com o mundo;
Mas abre o teu coração
E deixa que o amor
Se derrame para fora
Como um jorro.

112 Conquanto saibas, oh! discípulo,
Que o amor verdadeiro é do céu,
Não pertence a este mundo,
Não fujas das afeições humanas
Por mais rudes que sejam.
Elas são próprias do meio em que vives
E é no seu seio que farás as tuas provas,
Adquirirás experiência e aprenderás
O caminho do Reino de Deus.
Recorda, oh! discípulo,
Que o amor espiritual exige
Que se ame a todos os homens
Como irmãos.

113 Mais perfeito e mais evoluído
É quem mais ama.
O amor eleva a alma aos céus;
É expansivo,
E irradia como um sol.
É uma bênção,
Que vivifica os corações e os enche
De força, e alegria,
E esperanças novas.

114 Nada há que assegure ao homem
Felicidade verdadeira
Fora do amor. Somente o amor
Contém em si mesmo ventura completa.
Feliz é quem ama sem pensar em si mesmo,
Sem nada pedir,
Tudo dando do seu coração,
Porque esse já superou o mundo mesquinho
Dos ódios e dos interesses
E expandiu-se
Na unidade divina.

115 A lei do Cristo, oh! discípulo,
É a do amor desinteressado
Em bem do próximo.
Jamais chegarás aos seus pés
Se não voltares teu coração
A esse amor
Sem restrições
De qualquer espécie.

Capítulo 22

Cargas pesadas são testemunhos. Os que seguem a Jesus são almas voltadas para o céu; semeiam por onde passam, mas não colhem neste mundo.

116 — Quando provas pesadas sobre vós
Se abaterem — dizem os Justos —
Rejubilai porque são testemunhos
Que o Senhor exige.
A carga terrível de todas as maldades
Do mundo
Estava nos seus ombros
Nas horas tristes do Calvário
E Ele não se despojou dela
Até o momento de sua morte.
Assim vos cobriu Ele com Seu manto
De amor
Como proteção carinhosa
Para sempre.

— O verdadeiro estímulo da vida —
Dizem os Justos —
117 É a certeza de que
Seja onde for, quando for, como for,
O Senhor estará sempre conosco,

Nos conduzindo firmemente pela mão
Para os esplendores finais
Do Seu reino.

118 Nas sombras deste mundo
Escuro e mau, são tantos
Os corações desviados do Teu amor,
Oh! Divino Amigo,
Que Teu Espírito se entristece
E Teu olhar se turva.
Mas entre a multidão dos transgressores
Muitos há, também, Senhor,
Que te seguem
Por te amarem muito.
Porque tu és o Mestre Divino,
O rabi,
E eles os discípulos fiéis,
Que se esquecem de si mesmos,
Como ensinastes,
Pelo bem do próximo.
E teu Evangelho santo
É a sua lei.
Com o suor dos seus rostos
E o sangue dos seus corações
Esforçam-se por seguir
Teus passos.
As vicissitudes não os abatem,
Nem as dores, nem os desprezos do mundo,
Nem os terrores da morte.
Suas almas são como cálices
Voltados para os céus, flores abertas,
Oh! Senhor Nosso,

Cujo perfume se evola para Ti,
Em adoração viva.

119 Espalham entre os homens, na Terra,
Teus ensinamentos redentores
E como luzes humildes que se acendem,
Por toda parte,
Espancam as sombras, os terrores,
Clareando os caminhos
Por onde passam.

120 Dizem os Justos:
— Fazei como esses, oh! discípulos,
E quando chegardes
Aos reinos felizes,
Às plagas azuis dos céus,
Vossas almas serão claras
Como o sol
E vereis como é tranquilo
E acolhedor
O aprisco celeste,
Onde o Divino Pastor
Vos aguarda carinhosamente,
Ansiando por vós.

Capítulo 23

Acorda, novo dia desponta, chegou a hora dos ajustes e os amigos aguardam no Além. Suporta tuas dores e procura mudar os teus sentimentos.

121 Nos caminhos do mundo, teu coração endureceu,
Tua alma se tisnou de sombras,
Teu Espírito adormeceu na morte.
Mas acorda agora, oh! peregrino,
Que um novo dia, decisivo, se levanta
No horizonte do teu destino,
A hora chegou da atormentação
Das trevas.
E vêm as pancadas, e as cordas,
E a coroa de espinhos
E o manto vermelho...
Levanta-te, oh! peregrino,
Profere a tua prece e diz:
"Senhor nas Tuas mãos deposito
Meu coração cansado;
Aquece-o com o Teu alento,
Envolve-o no Teu amor,
Para que se fortifique e prossiga,
E não fracasse,
E se salve da morte".

122 Nas arenas do mundo te encontras,
Oh! discípulo!
E contigo milhares estão.
Ora é o bem, ora é o mal
O que deles recebes,
Porque é versátil o coração dos homens.
Mas se teus atos forem bons
Os verdadeiros amigos,
Os que são afins com a tua alma
Te aguardarão além da tumba
E neles encontrarás
O amor verdadeiro, o repouso,
A ternura
E a consolação.

123 Dos planos baixos da evolução
Como poderás subir sem sacrifício e dor?
Segue os passos daqueles
Que te precederam. Verte teu sangue,
Desfolha tua alma nas dores
E, no cimo do monte, receberás
As bênçãos da iluminação.
Sabe, oh! discípulo!
Que este é o único caminho conhecido,
Para o avanço espiritual,
Para a redenção das almas.

124 Relembrando o quanto sofreram
Teus irmãos, que viveram antes,
E pela humanidade se sacrificaram,
Suporta com paciência

O que te couber de provações.
Não as exageres ou dramatizes,
Porque o peso das provas
Diminui
Quando as bênçãos da humildade
Sustentam as almas nas agruras
Da penosa ascensão.

125 Esforça-te em mudar teus sentimentos
Para que tudo o mais, em torno de ti
Se transforme e embeleze.
Porque cada árvore dá o fruto
Que lhe é próprio
E cada coração o sentimento
Que ele guarda,
De amor ou de ódio,
De bem ou de mal.

Capítulo 24

Luta pela paz e aguarda o futuro confiadamente. As vidas sucessivas purificam, quando se fecha o coração para o mal, fugindo-se às complacências e aos vícios.

126 Todos anseiam pela paz, pelo repouso,
Pela tranquilidade,
Quando a vida é tumulto, vibração,
Ansiedade!
Mas se tiveres amor no teu coração
E te preservares
Das maldades do mundo; e se puderes
Recolher-te em ti mesmo
E permaneceres ligado a Deus,
Assim terás paz. Mas poderás fazê-lo?
Considera, oh! peregrino!
Que a paz verdadeira
Não é deste mundo.

127 Luta pela paz, mas prepara-te
Para revezes crueis.
Ela não é conquista de um dia,
Mas de vidas.
Porque é apanágio dos que se desprendem
Do mundo,

Dos que vivem em Deus.
Assim, pois, luta sem repouso,
Agora e no futuro,
Nas horas boas e más
E um dia virá
Em que terás o que almejas.

128 Vivendo vidas sucessivas
Os homens praticam atos inúmeros,
Que geram efeitos bons e maus,
Com predominância dos maus:
São corações imperfeitos,
Primitivos, deformados
Pelas ilusões do mundo das formas.
Eis, pois, caminheiro,
O motivo da tua marcha dolorosa e lenta:
A purificação dos teus sentimentos,
A elevação de tua alma,
A tua redenção com o Cristo.

129 Para isso, oh! discípulo!
Mantém os olhos postos
Nas coisas belas e verdadeiras.
E teus ouvidos abertos unicamente
Para as harmonias que vêm dos céus.
Para que não te domine a concupiscência
Nem te perturbem os rumores do ódio
E da maledicência.
Não escutes as palavras ardilosas
Dos agentes das trevas,
Que sopram nos teus ouvidos

Tentações de toda espécie
E que são atraídos pelos teus defeitos,
Pela aridez do teu coração.

130 Não te acomodes às tuas faltas,
Que elas te serão domínio.
Sê rigoroso contigo e não perdoes
As transgressões próprias;
Porque não se conquista o céu
Sem violência
E a purificação
Custa lágrimas de sangue.
Lembra-te do cirurgião, que corta
Impiedosamente
A carne gangrenada,
Para salvar
Da corrupção e da morte
O resto do corpo.

131 Sem sacrifício e decisão firme
Não se purifica o homem
Dos vícios e defeitos naturais,
Que conspurcam as almas
Nos degraus inferiores
"Se teus olhos são motivos de escândalo
Arranca-os — disse o Mestre — pois melhor será
Que sejas cego
Que perder tua alma."

Capítulo 25

O sofrimento é herança do homem retardado. Lapida-te, para que Deus em ti se manifeste.

132 Dizem os Justos:
— Não há ascensão sem sofrimento,
Porque, nos mundos qual a Terra,
Não se conhece outro meio de purificação.
Para exemplificar esta verdade
O Divino Mestre morreu na cruz.
Neste mundo de carne putrescível
O sofrimento é o quinhão
Inevitável de todos.
Inútil será que tentes, oh! discípulo!
Te livrares dele.
Onde quer que te refugies
Ele te descobrirá e se apoderará
De ti, para que pagues
O tributo que lhe deves.

133 Como o ouro
No cadinho do ourives,
Assim as almas são queimadas
E se purificam
Nos sofrimentos e nas provas,

Que a vida impõe a todos,
Até que se mostrem
Lavadas e brilhantes
Como gemas.

134 Sabei, oh, discípulo!
Que tudo quanto atormenta o homem
É fictício, transitório,
Simples trabalho de lapidação,
Para que dele mesmo surja,
Com o passar do tempo,
A essência divina, o ser imortal
Que nele dorme
E que, aos poucos, desperta
Nos renascimentos
Para a vida eterna.

135 Deus está em cada ser,
Qual um reflexo de si mesmo,
E nele todos vivem e se movem.
Sua presença é a força irresistível
Que impulsiona o Espírito para a conquista
Do reino interno, na escalada gloriosa
Para as esferas da luz.
Sem sacrifício não se revela esse Deus
Não se conquista esse reino
Não se escalam tais alturas.
Os espíritos são criações mentais divinas;
De Deus vieram e a Ele voltarão
No fim dos tempos, para a consumação
Da felicidade eterna, quando possuirem

As virtudes celestiais
De amor e sabedoria.

136 Grande esforço realiza o homem
Para tomar as rédeas do corcel rebelde
Que é a sua própria alma
Saturada de animalidade ancestral.
"Mais difícil é vencer a si mesmo
Que a batalhas."
Prepara-te, pois, oh! discípulo!
Para esta luta singular
Em que, vencido ou vencedor,
O guerreiro será sempre tu mesmo.

Capítulo 26

A arena do mundo todos vieram para lutar, renascendo de si mesmo, fortalecendo-se nas provações e conquistando virtudes morais.

137 Para aquele que deseja evoluir
A vida é luta terrível
Contra os maus instintos,
Os maus Espíritos, os defeitos,
Os obstáculos de toda ordem:
Luta contra a fome, a doença, as fraquezas,
Os amores, os ódios.
Não há descanso nem sossego
De um só dia,
Nem mesmo na tumba,
Porque tudo continua além da morte
No ritmo eterno
Da evolução.

138 Dizem os Justos:
— Ninguém veio a este mundo
Para outra coisa senão lutar
E sofrer para chegar a Deus;

Nem aqui é lugar de repouso
E de paz.
Corre atrás de miragens enganadoras
Quem espera tais venturas.

139 — Guarda-te, pois, de ti mesmo, oh! discípulo!
Porque em tua própria alma estão
Os maiores entraves da redenção.
As tentações do mundo
E as vibrações do instinto
Gravaram nela fundos traços
De difícil eliminação.
Liberta-te, pois, depressa, desses estigmas
E levanta-te para o Senhor,
Com o coração lavado pelas dores,
Como quem renasce das próprias cinzas
Ou como a falena, que ressurge
De si mesma.

140 Antes que possas suportar embates
Mais duros, aprende a sofrer
Decepções, menosprezos, traições,
Calúnias, com serenidade.
Pois tudo é fruto natural
Dos homens imperfeitos, teus irmãos.
Assim te irás lapidando
Como um diamante bruto;
Enrijando-te no fogo das provas;
Domando o orgulho que enfraquece;
Ganhando humildade;
Tornando-te forte.

141 Aferra-te às virtudes conquistadas
Em duras provas, no passado,
Que são patrimônio inestimável
Da tua alma. Defende-te das investidas
Dos tentadores.
Mantém-te firme no bem
E esforça-te por não te desviares
Dos caminhos retos.

Capítulo 27

Combater os maus Espíritos e as próprias inferioridades, porque Deus tudo vê e dá segundo as obras.

142 Dizem os Justos:
— Dos maus Espíritos não te livrarás,
Oh! discípulo! nos mundos baixos.
Combate-os com uma conduta perfeita
E pureza de sentimentos,
Servindo ao próximo com humildade,
Banindo do teu coração inquietações
E temores.

143 — Feliz serás na vida futura,
Em mundos melhores,
Vivendo entre os bons.
Mas suporta agora, de coração brando,
A companhia dos maus, pois que és um deles
E cada um recebe o que lhe pertence;
Mas tem presente que as oportunidades
São dadas a todos, para que se redimam,
Não havendo privilégios.

144 No rosto ostenta o homem
Aquilo que o mundo pode ver;
Mas somente o Senhor devassa
O que ele esconde no peito,
Sem enganos ou injustiças.
Por isso a cada um Ele concede
O que sua alma necessita.

Capítulo 28

Muitos sonham com o Reino, mais se desviam no caminho ou não se preparam para o conquistar. É bom apegar-se àquilo que tem substância e aguardar o dia das últimas provas.

145 Dizem os Justos:
— Muitos sonham com o Reino de Deus
E venturas celestiais,
Porém, poucos se lançam a conquistá-las.
Muitos querem as bem-aventuranças
Espirituais,
Mas quantos se dispõem a sofrer
E a renunciar a si mesmos
Para merecerem tais bênçãos?

146 Os prazeres do mundo desorientam
Aos que a eles se entregam cegamente,
Muitas vezes inconscientes, como animais,
E somente visando as satisfações
Do instinto.
Mas o homem evoluído, batido na forja da dor
Só encontra enlevo na vida espiritual,
Porque esta edifica para o futuro
E prepara um amanhã feliz
Junto ao Senhor.

147 — Combate o orgulho que brutaliza —
Ensinam os Justos. —
E a complacência que gera abusos.
Vê como os soberbos caem de tão alto!
E os displicentes se arrependem
De suas fraquezas!
Edifica, pois, a tua alma
Nas virtudes do Espírito
Tornando-te humilde
E prudente.

148 Evoluir é escalar
Uma escada sem fim,
Degrau por degrau, subindo
Do pó da terra às estrelas do céu;
É conquistar todos os postos
De uma hierarquia portentosa,
Que define com justiça
Os diferentes valores espirituais.
Por isso, oh! discípulo!
Trata com bondade a todos, seja qual for
A sua condição espiritual.
Vela com vigor para que
O orgulho desmedido, se o tiveres,
Não te faça um rebelado inútil
Às leis sábias da justiça divina,
Que, por fim, te reduzirão
À impotência.

149 Dizem os Justos:
— Não te preocupes, oh! discípulo!

Com as coisas vãs que te cercam
Por toda parte.
Dedica teus esforços à conquista
Do que tem substância,
Do que tem permanência.
Constrói sempre no campo do amor
Para que flores e ternuras
Engalanem teus caminhos.

150 Não te agites, nem te inquietes.
Vive a tua vida, que, a cada dia,
Te trará sua própria aflição.
E vive com paciência
Até que todas as horas passem
E desponte no teu horizonte
O dia das últimas provas,
Que são do mundo.

Capítulo 29

Aproveitar o tempo para o bem. O mundo glorifica o que passa e a vida é mudança constante. É preciso lutar contra o domínio da matéria.

151 O tempo é rápido e bem depressa
Passa — mas eterna é a vida,
E para ela não há pausas.
Não te preocupes com o tempo
Que passa, por amor dele mesmo.
Mas aproveita-o, oh! discípulo!
Em acumular minutos e horas
De benefícios
No coração dos necessitados.

152 Vê o que sucede com o Sol:
Todos os dias nasce, faz seu giro
E desaparece no horizonte.
Assim como o Sol, cujo tempo é curto,
E cujo passo é rápido
Assim é a tua vida, oh! discípulo!
Aproveita, pois, o teu tempo
O mais que puderes
Na seara do bem, para que,
Quando a noite cair, não haja trevas
Nos teus caminhos.

153 O mundo glorifica o que passa:
Riqueza, beleza física, virilidade...
Mas quem mede as virtudes do Espírito?
Suas vitórias, suas derrotas silenciosas,
Quem enaltece?
Mas nem por isso, oh, discípulo!
Te deixes tentar pelo mundo.
"O que é da carne é carne",
Disse o Senhor: "O que é do espírito
É Espírito". E disse mais:
"O meu Reino não é deste mundo".

154 Dizem os Justos:
— Tem presente, oh! caminheiro!
Que vida é mudança, que as horas dominam
Nos mundos da forma.
A todo instante mudam as coisas
Dentro e fora de ti.
Só com o tempo, olhando para trás,
Comparando, verás isso.
Mas conserva-te frente ao teu alvo,
Mantém os teus anelos de purificação
E não te apartes
Dos caminhos do amor
Universal, aquele que Jesus
Ensinou enquanto viveu.
E que é definitivo.

155 Mesmo submerso na matéria
Recusa, oh! discípulo! seu domínio.

Somente o corpo de carne pertence
Ao mundo transitório.
O Espírito é doutra estirpe
E "não enterra seus mortos".

156 Mesmo quando clama o homem
Contra o mundo material
E julga desprender-se,
Escravo continua, porque terrível
É o império da carne
E raros são aqueles que conseguem
Libertar-se dele.
Neste passo inferior
Quem é imune a tais tentações?
Não escaparás disto, oh! discípulo!
Mas esforça-te por testemunhar
Em ti mesmo
A superioridade do Espírito,
Que, quando quer, não se dobra
Ao vendaval das paixões.

Capítulo 30

Não invejar aos semelhantes, pois cada um tem seus resgates.
A sensualidade retarda a espiritualização.

157 Não invejes a sorte de muitos
Que ostentam situações brilhantes.
Eles vivem a vida que é sua
Segundo as leis da retribuição.
Colhem os frutos dos seus atos
E plantam as sementes das suas futuras
Colheitas.

158 Na criação divina tudo está
No seu devido lugar,
Exatamente como deve ser.
Ninguém sofre por transgressões
Que não haja cometido;
Nem paga dívidas
Que não sejam suas.

159 Dizem os Justos:
— Os prazeres grosseiros dos sentidos
Prendem o homem à matéria,
Envolvem-no de fluidos densos,

Impedem sua espiritualização.
Se queres, pois, viver em sintonia
Com esferas mais altas,
Modera teus desejos,
Eleva teu padrão vibratório,
Purifica-te.

160 Quem ama o repouso, o bem-estar,
A ociosidade,
Não se eleva
Porque ama a si mesmo.
A sensualidade o domina,
E, enquanto assim for,
Jamais se desprenderá do mundo
Por vontade própria.

161 Dizem os Justos:
— Não sejas como o homem vaidoso,
Que ama as coisas do mundo,
As riquezas, as comodidades,
Os títulos e os cargos;
Que despreza os fracos e os humildes
E se vangloria da companhia
Dos poderosos.
Ele planta sementes más,
Que darão frutos envenenados.
Mas quanto a ti, oh! discípulo!
Ama a todos igualmente e dá valor
Somente às virtudes do Espírito,
Que o Evangelho
Redimiu.

Capítulo 31

O conhecimento de si mesmo abre o entendimento. Fugir à fé cega e irracional.

162 Esforça-te, oh! discípulo!
Por penetrar no conhecimento
Do mundo espiritual,
Para que não alimentes uma fé
Cega, irracional, baseada em dogmatismos
Ou crenças sobre coisas irreais.
Busca a luz da verdade, diretamente,
Onde ela estiver.
E não te deixes fanatizar
Por sectarismos restritores
Que a grandeza de Deus desmente.

163 A obra divina é infinita, inacessível
Ao entendimento humano.
O poder de Deus é imenso e ultrapassa
A compreensão comum;
Mas se chegares, oh! discípulo!
Ao conhecimento de ti mesmo
Terás avançado muito nesse caminho
Misterioso.

164 Dizem os Justos:
— Raros são os dias em que os males

Não se abatem sobre os homens
E seus corações repousem
Das adversidades.
Mas foi com a maldade de seus corações
Que eles criaram, eles mesmos,
Os sofrimentos
Que os atormentam.

165 "Tranquila e feliz — pensam os homens —
Deve ser a vida nos planos espirituais";
E assim é.
Mas como atingi-los, com os corações
Ensombrados de malefícios,
Envenenados de sentimentos ruins?
Purificai-vos, pois,
Para que as portas do céu
Possam se abrir
Para acolher-vos.

166 A vida tortura os homens
De todas as maneiras,
E se debatem eles
Angustiados
Clamando por Deus.
Mas o farol está sempre aceso
E eles não o veem; o caminho está sempre aberto
E eles se desviam.
Não seguem os rumos que o Divino Redentor
Lhes apontou e se entregam cegamente
Às tentações e aos vícios.
Por isso clamam em vão
E altos são os seus clamores!

Capítulo 32

No mundo tudo é relativo; o amparo do Alto não é permanente; mas o discípulo nunca está só.

167 Conforme esteja nossa alma
Assim vemos e sentimos
O mundo que nos rodeia.
Os olhos recebem as ondas de luz
Mas são as almas que compreendem e sentem
O que os olhos veem;
Por mais belo e rutilante
Que se mostre o Sol,
Se nossa alma estiver triste
Triste será o dia e de sombras
Coberto.
Mantém, pois, tua alma tranquila,
Oh! discípulo! e livre de sombras
Para que não se deformem e desmereçam
As coisas belas que te rodeiam.

168 Dizem os Justos:
— O que parece bom, às vezes
Não o é;
E o que parece mau, às vezes é bom
E deve ser aceito.

Examina, pois, todas as coisas
E não te precipites
Nos teus julgamentos.
Porque a ilusão é do mundo.
Tudo flutua, sobe e desce
E vem e vai
E assim não tens segurança.
Evita, pois, os impulsos cegos
Do instinto e considera
Que somente atrás do que se vê
Se encontra a verdade.

169 — Considera também, oh! discípulo!
Que os Espíritos em prova
Não recebem apoio permanente,
Para que não se acomodem às facilidades;
É bom que fiquem, às vezes,
Entregues a si mesmos,
Desamparados de ajuda,
Frente à adversidade,
Para que vejam do que são capazes,
Como Espíritos livres;
E para que se utilizem do livre-arbítrio
Com sabedoria.

170 Dizem os Justos:
— A luta pela evolução exige esforços
Que devem ser realizados
Com prudência e medida.
O homem impulsivo comete atos
Dos quais se arrepende

E que lhe retardam a marcha.
Uma justa ponderação, oh! discípulo!
Deve ser a tua regra.

171 — Ouve com deferência
A palavra de um instrutor.
Que não te cegue o orgulho,
Desprezando-o, para que em breve
Não te percas frente a forças
Desconhecidas, ou imprevistos
Incontroláveis. Ele te indicará,
Com certeza, a formação das tormentas;
Mostrará os obstáculos
Do caminho.
Se queres progredir mais depressa
Ouve com atenção a voz sábia
Da experiência.
Que é Sabedoria.

172 — Mantém-te indiferente às vicissitudes
E às alegrias; aos bens e aos cargos,
Aos títulos e honrarias
Que o mundo oferece.
Que te baste o ser discípulo
E terás tudo
Das mãos d'Aquele
Que tudo dá com amor e justiça.

Capítulo 33

Não julgar o próximo, mas sim, ter por juiz a consciência própria. As vicissitudes temperam as almas.

173 Dizem os Justos:
— Quem nada quer sofrer, e de tudo
Se queixa,
Desencadeia provas mais duras
E afasta dos seus caminhos
O auxílio
E as consolações.

174 — Vive retamente, oh! discípulo!
A vida que é a tua e não te lances
A julgar os teus semelhantes.
Olha, distingue, aprende, seleciona,
Mas não julgues.
Porque curto e falho é sempre
O juízo do homem.
Lembra-te da lição do Mestre:
"Quem pode jogar a primeira
Pedra?"

175 Mas quanto a ti, em qualquer tempo
Ou circunstância,
A consciência te será juiz severo.
Ouve-a sempre como se fora a voz
Própria de Deus. Para que não caias
Nas garras do arrependimento
E do remorso.

176 As vicissitudes, as doenças,
Temperam o aço das almas,
As misérias, as tribulações,
Enrijam o combatente para as lutas
Da redenção.

177 As almas retardadas não compreendem
A vida espiritual;
O mundo material é que as atrai.
Suas glórias, ilusões e grandezas
Fictícias, são seus alvos.
Tiram do mundo tudo o que ele
Pode dar.
Estão nos primeiros degraus,
São quase cegos; seus passos são
Trôpegos e só se movimentam
Com lentidão...
Difícil para elas é o aprendizado
Da libertação.

Capítulo 34

Só o bem tem valor. Não desejar a morte e não realizar cultos exteriores.

178 Considerai, homens!
Que no mundo real — que é o do Espírito —
Nenhum título tem valor,
Mesmo o de "discípulo", se não trouxer
O selo dos testemunhos vivos,
As marcas da ação perseverante
No serviço do bem.
"Discípulo" não é quem o diz
Mas quem o demonstra na conduta,
Nos sentimentos, nas palavras
E no amor que devota
A todos os seres.

179 Não te afadigues, oh! discípulo!
Desejando a morte para descanso
De tua alma.
Tua hora chegará, como a dos outros,
No momento justo.
O tempo passa veloz. Em breve abandonarás
Este mundo e tudo mudará, ainda mesmo
Que o não queiras.

Mas não te apresses em querer partir
Para te livrares das penas que padeces.
Esta é a arena do teu combate,
A esperança da tua vitória.
A porta da tua libertação.
E aguarda com paciência a hora bendita
Do repouso.
Tem presente que o sofrimento
Dos desencarnados é mais cruel
Que os teus. Porque não lhes vale mais
A proteção da carne, sob a qual
O Espírito maldoso engana a muitos,
Encobrindo os seus sentimentos,
Aparentando o que não é.
Nos planos espirituais, mais transparentes
As roupagens exteriores não lhes velam
Os defeitos. Estão nus perante a verdade.
Milhões de olhos os devassam sem reservas
E não podem fugir à luz que penetra
As sombras de suas almas.

180 Dizem os Justos:
— Cuida de ti, oh! discípulo!
Para que nada peças para teu próprio gozo,
Pois que Deus
Tudo te dá do que te convém.
Ainda transitas por planos baixos
Que te são próprios. Pede unicamente
Forças para evoluir mais depressa
E te tornares cada vez mais capaz
No serviço do bem.

181 Não te limites a prestar cultos exteriores
Ao Senhor. São ritos vãos, que jamais chegam
A seus pés.
Mas evangeliza o teu coração;
Vive para os que sofrem
E para os cegos de Espírito.
Torna tua vida útil aos teus irmãos,
Enquanto viveres no mundo.
Este é o culto que sobe aos céus
Com rapidez e encontra eco
No coração do Cordeiro.

Capítulo 35

Necessidade do desprendimento: evitar, porém, o misticismo exagerado que deforma as realidades, pois que grandes são as exigências do Reino de Deus.

182 — Desprende-te do mundo, mas vive nele,
Aproveitando todos os teus minutos,
Pois aqui está a forja do teu trabalho
— Dizem os Justos —
Do campo dos teus resgates
Não te libertarás enquanto
Não estiver tudo findo; os ajustes
Só se dão depois da morte.
Sofre, pois, com paciência;
Devota-te ao bem e aguarda humildemente
O julgamento do Senhor.

183 Lembra-te, oh! discípulo! que o amor
E a dor não distinguem amigos
Ou inimigos; brancos ou pretos,
Grandes ou pequenos, bons ou maus.
A todos atingem e beneficiam
Sem privilégios, porque "nenhuma ovelha

Se perderá do rebanho",
Disse o Senhor.

184 Jamais te entregues a misticismos
Exagerados, que, muitas vezes,
Velam a realidade, tornam mais distantes
Os horizontes, desviam-te, oh! peregrino!
Dos caminhos que deves seguir.
Encara as coisas como elas se apresentam
Aos teus olhos,
Para que possas agir com segurança,
Conhecendo sua transitoriedade.

185 Com teus atos e palavras
Não provoques escândalos,
Nem ressentimentos, nem ódios;
Nem te faças agente de sofrimento.
Para teu próximo,
Pois que tudo te será levado em conta.
Age sempre pelo bem, porque também pagarás
Por tudo quanto deixaste de fazer
Em benefício dos teus irmãos,
Quando o podias.

186 E não te iludas,
Com o reino prometido.
Se buscas ociosidade e langores,
Se aspiras delícias infindáveis,
No céu, beatitudes eternas,
Desengana-te.
O reino feliz é o império do amor

Divino, que é sacrifício constante
Pelos necessitados e infelizes.
Trabalho incessante, renúncia
De todos os instantes, são exigências
Desse reino.
Olha como agiram todos aqueles
Que desceram a este orbe
para ajudar a humanidade:
Não viveram torturadamente?
Não se deixaram matar pelo bem
De todos?
Olha como viveram e nesses moldes
Edifica a tua alma e prepara
O teu coração para as jornadas
Do porvir, quando, então, caminhares
Pisando o pó dos seus rastros.

Capítulo 36

Fugir das lisonjas, bajulações e elogios, pois dos homens nos vêm enganos e palavras vãs.

187 Dizem os Justos:
— Nas palavras dos homens não encontram
Os homens consolo,
Nem nas promessas que eles fazem:
Que enganosos são seus atos.
Somente quando, nos seus corações
Penetram as palavras do Senhor,
Que são espírito e vida,
De suas bocas jorram verdades, consolação
E sabedoria.

188 Não te agrades, oh! discípulo!
Dos bajuladores, que estimulam
Com malícia
Teu orgulho infeliz.
Não são mais que ignorantes
Que de ti se servem para alimento
De suas próprias paixões.
Repele-os se quiseres progredir
Nos teus caminhos.
Sê humilde, consciente

Da própria imperfeição. Afasta
As lisonjas sedutoras, as exibições
Da vaidade; para que não te enfraqueças
Ainda mais.
Foge aos elogios hipócritas,
Tendenciosos,
Para que não se eternize
Tua inferioridade deprimente.

189 Considera, oh! discípulo!
Que precário e imperfeito é o juízo
Dos homens.
Se, pois, tua consciência está limpa,
E o coração tranquilo,
Não te preocupes com eles e segue
O teu caminho.
Mas se te encontras em falta,
Detém-te e submete-te ao juízo
Porque, mesmo que ele te fosse gracioso,
Não o seria o de Deus, que tudo vê,
Tudo sabe e tudo julga, não segundo
Falsos conceitos humanos,
Mas segundo as leis imutáveis
Do Espírito.

190 Guarda-te dos enganos do mundo
E da palavra dos homens.
O que o discípulo busca é o Reino de Deus,
Onde não valem exterioridades, mas virtudes,
Não valem palavras, mas ações.

191 Os cérebros humanos são férteis
Em pensamentos e fantasias,
Mas a voz de Deus, só ecoa no fundo
De corações sensíveis e de consciências
Limpas.
As luzes espirituais vêm ao homem
Quando este é capaz de atraí-las
Sem ruídos, no silêncio da alma.
E quão grandes são as alterações
Que produzem, as alegrias
Que derramam!

192 Não te fies, oh! discípulo!
No juízo dos homens.
Suas almas são versáteis, inconstantes,
E mudam com as horas.
Somente os que sofreram,
E não se rebelaram,
Amadureceram na vida, com grandeza,
Ressuscitaram da morte, com humildade,
Somente estes são porta-vozes
Da verdade.

Capítulo 37

Cuidar do corpo material, mas repelir qualquer dominação. Subordinação a Deus, porque as portas se abrem aos discípulos fiéis.

193 Tem presente, oh! discípulo! que é necessário
Medir teus atos. Não tentes fazer mais
Que aquilo que podes e te compete,
Pois a vida é cooperação de muitos.
E as ambições devem ser combatidas.
O Sol se levanta e se põe todos os dias
E a vida segue o seu curso
Invariavelmente.
Cuida mais de teu coração
Que de teus bens, pois que
De tudo o que tens
Este é o maior tesouro.

194 O corpo de carne que te beneficia agora
Tem as suas exigências,
A que não podes fugir.
"A César o que é de César"!
Mas, lembra-te que o espírito
Deve ser o senhor e não o escravo
Da carne. Luta, pois, ardentemente,

Para que, também em ti,
Assim seja,
E triunfes da própria fraqueza.

195 O discípulo esclarecido tem mais em conta
Os interesses alheios que os próprios
E age desprendidamente.
Assim, pois, aprende a te esqueceres
De ti mesmo, torna-te útil
À comunidade
Em que vives.

196 Não te deixes dominar por impulsos
Inferiores, nem pelo amor,
Por mais forte que seja, do mundo.
Para que não percas a tua
Liberdade.
Porque o Espírito sopra onde quer
E deve ser livre
Para alçar seus voos.

197 Dizem os Justos:
— A vida dos servos deve ser subordinada
À vontade do Senhor. Jesus assim
Testemunhou, quando disse:
"Seja feita a tua vontade, assim na terra
Como no céu".
Entrega-te, pois, oh! discípulo!
À vontade soberana do Senhor,
E viverás mais tranquilo.

198 A todos aqueles que seguem a Jesus,
Propagam seus ensinos
E dão testemunhos,
Abrir-se-ão as portas do Reino Eterno
À hora da ressurreição.

199 Ouvi o que dizem os Justos:
— Sem vacilações, oh! discípulo!
Segue a Jesus. Ele é o Mestre, o Guia,
O Senhor nosso. Ele é o caminho,
A Verdade e a Vida.
Como caminhar no deserto,
Sem um guia seguro?
E sem verdade como adquirir conhecimentos?
Quanto à vida, sem ela, que existiria
Do quanto existe? Não haveria criação,
Ou esta seria vazia, como se não existisse.
"Quem conhece os meus mandamentos
E os pratica — disse o Mestre —
Esse me ama. Perseverará no caminho justo,
Receberá a verdade
E viverá para sempre."

Capítulo 38

O pastor não abandona o rebanho. Cumprem-se as promessas de Jesus. Fugir às recompensas do mundo.

200 O pastor jamais abandona suas ovelhas,
Dirige-as com pulso forte;
Regula com amor a conduta de todas
E cuida com desvelo da sua segurança.
Assim, oh! discípulo! segue os passos
Do Pastor Divino e adormece
Tranquilo no sagrado redil.

201 A comunhão com Deus muitos a querem,
Com holocaustos, exterioridades e ritos;
Mas a comunhão verdadeira
É a de coração, como o Divino Mestre ensinou
À samaritana, junto ao poço, quando disse:
“Adorarás a Deus em espírito e verdade,
Porque Deus é espírito”.
Assim, oh! discípulo! faz que esta seja,
Todos os dias, a tua comunhão
Com o Senhor.

202 Quando o Cristo de Deus entre vós viveu,
Sacrificando-se pela vossa redenção,
Legou-vos seus ensinamentos,
Prometeu-vos o Espírito da Verdade,
O Consolador e o intercâmbio entre
Vivos e mortos.
Tudo isto tendes agora, oh! homens!
E, no entanto, quão afastados estais
Do Divino Legatário!

203 Dizem os Justos:
— A ambição dos bens materiais
Perturba a paz dos homens, compromete
A posse dos bens verdadeiros,
Únicos que resistem ao tempo
E se tornam eternos.
Cuidado, pois, oh! discípulo!
Utiliza-te dos primeiros, simplesmente
Para as necessidades da tua vida,
E quanto aos segundos, aspira
Ardentemente conquistá-los,
Para o engrandecimento
De tua alma.

204 As grandezas do mundo fascinam os homens,
Que se lançam à sua conquista
Como cegos.
Deixa-os com as suas ilusões,
Pois, assim, recebem aqui mesmo
Sua recompensa.
Mas os galardões verdadeiros,
Que vêm do Senhor, somente são dados

Aos simples, aos de coração limpo,
Aos que vivem e morrem
Pelo ideal de servir.

205 Considera, oh! discípulo! que pobres
E humildes foram todos
Os mensageiros divinos,
Instrutores da humanidade,
Que, por ela, lutaram e sofreram.
A nenhum deles as grandezas do mundo
Escravizaram,
Mas morreram pelos homens...

206 Não aceites, pois, oh! discípulo!
Privilégios de nada que o mundo dá.
Mas, serve aos teus irmãos em suas
Necessidades, esquecendo-te das tuas,
Para que possas ser realmente
Mensageiro do Evangelho.

207 Não te prendas a nada, oh! discípulo!
Tudo te é posto em mãos para as experiências
Da evolução, porém, nada pertence a ninguém.
Nem mesmo o ser que se ama,
Salvo o que é do Espírito,
E que foi conquistado para a eternidade.
Se te prenderes às coisas vãs
Sofrerás dores inúteis
E os desenganos
Serão teus companheiros
De todas as horas.

Capítulo 39

Somente o que é do Espírito alimenta a vida eterna. É preciso, para ser livre, seguir a Jesus e viver por um ideal elevado.

208 Tem presente, oh! discípulo!
Que o mundo dá o que o mundo tem,
Mas isso não satisfaz às ambições dos homens,
Nem é consolação para os que sofrem,
Porque a alma não se contenta
Com ilusões, e, o sofrimento, com ilusões
Não diminui.
Convence-te, pois, de que somente nos braços
Do Senhor, encontrarás agasalho
Definitivo, consolação e alegria
Para a tua alma.

209 Não te deixes escravizar por nada:
Nem por bens, nem por grandezas;
Nem por afetos, nem por temores.
Não subordines tua alma a essas coisas
Passageiras. Mas edifica a tua vida
Nas boas obras; acorrenta-te ao Senhor
Pela caridade; prende-te ao céu
Pelo amor que dedicares, em Seu nome,
Aos infelizes da Terra.

210 Ouvi os Justos — eles dizem:
— Renuncia a ti mesmo, oh! discípulo!
Une-te a Jesus e terás antecipação
Da liberdade que aspiras.
Domina teus desejos, resigna-te
À tua condição, seja qual for,
E te libertarás do mundo;
Mas, se queres verdadeiramente ser livre,
Escraviza-te ao serviço
Dos teus semelhantes.

211 Restringe tuas necessidades,
Elimina teus desejos, mata toda ambição
De tua alma
E conhecerás a liberdade.
Mas, se queres, verdadeiramente,
Ser livre, acorrenta-te fortemente,
Oh! discípulo!
Às cadeias do amor
Pelos que sofrem.

212 Àqueles a quem amas
Dá liberdade, pois que amor
Sem liberdade
É opressão.
Mas, se teu amor for paixão,
Então, verdadeiramente, és escravo
Do que amas, pois que tua alma
Da paixão não se libertará
Enquanto a ilusão durar

E sem que primeiro teu coração
Sangre na desilusão,

213 Renuncia a ti mesmo
Para que sejas livre.
Quando não tiveres mais temores,
Nem ambições, nem desejos,
Serás livre. Mata o desejo das coisas
Passageiras,
Volta a tua face para o Senhor,
Se quiseres ser livre.

214 Constrói um ideal santificante,
Como se fosse uma torre muito alta,
Oh! discípulo! e vive nela.
Embalado nas asas dos teus sonhos,
Levanta-te do charco pestilencial
Do mundo, para os esplendores
Das esferas celestiais, iluminadas
Pelo amor de Jesus,
O Divino Pastor nosso.

215 A arena do mundo
Tem largueza para conter
A maldade dos homens
Sem se alterar
Porque o tempo é de Deus.
Por isso, oh! discípulo! a esperança
De uma vida melhor amanhã
Não deve morrer no coração
Dos que sofrem hoje.

216 Que a tua esperança
Pois
Desabroche amanhã, como uma flor
Nos jardins iluminados do Senhor
Nos céus.

Capítulo 40

Quando ficares só, no fim, glorifica ao Senhor e agradece a bênção da morte.

217 E quando ficares só, e, como os cães,
As adversidades te rodearem
Por toda parte, sem tréguas;
E olhares em torno e nada vires,
Que te sirva de amparo e consolação;
E o teu coração, cansado, se apertar
De angústia e não tiver quem ajude;
Levanta a tua cabeça e glorifica ao Senhor,
Dizendo: "Em Ti deposito minha esperança,
Seja feita a Tua vontade assim na terra
Como no céu.
Porque Tu, oh! Senhor! é que sabes
O que mais convém ao
Teu servo."

218 E depois quando vires
Que o dia vai morrendo
Nas escarpas azuladas da Terra
E o Sol se deitando, nos horizontes
Imprecisos do crepúsculo, e perceberes

Que tua tarefa está chegando ao fim;
Quando descansares a tua cabeça,
E, como um sonâmbulo, atravessares
Os pórticos sombrios;
E pisares com teus pés os prados verdes,
Pejados de flores,
Cheios de luzes.
Onde braços acolhedores te envolverão,
Cariciosos como bênçãos;
Ergue a tua cabeça, oh! discípulo!
E glorifica ao Senhor, dizendo:
"Eis que enfim cheguei, oh! Compassivo!
Às portas refulgentes do teu Reino.
Acolhe-me nos Teus braços,
Junto ao Teu coração,
E permite, Senhor, que meus olhos
Se fechem,
Para o repouso de um dia."

Aliança

Publicações Aliança

EAE Perguntas e Respostas
A essência e as questões
mais relevantes do processo
iniciático da Escola de Aprendizes.

EAE Perguntas e Respostas
Perguntas com respostas sobre
a Fraternidade dos Discípulos
de Jesus.

Assistência Espíritual e Mediunidade
Obra tem como foco principal as
atividades adotadas pelos centros
espíritas que adotam os programas
da Aliança Espírita Evangélica

Iniciação Espírita
Curso regular das Escolas de
Aprendizes do Evangelho.

EAE Perguntas e Respostas
A essência e as questões
mais relevantes do processo
iniciático da Escola de Aprendizes.

Guia do Discípulo (bolso)
Manual de orientação para o servidor
que ingressa no 3º grau da
iniciação espírita

Histórias Espíritual da Humanidade

Exilados da capela
A formação e evolução das
raças no planeta Terra.

Na Cortina do Tempo
Sobreviventes salvos da Atlântida
preservam seus conhecimentos
destinados à posterioridade.

Almas Afins
A trajetória de Espíritos afins
desde a submersa Lémuria
até os dias atuais.